em minhas veias corre uma formiga
Dora Lutz

cacha
lote

em minhas veias corre uma formiga
Dora Lutz

VÉRTEBRAS

TEM GENTE QUE VIVE	13
AS TRÊS MAL-AMADAS	14
BACURAU	15
NÓS NA CENA	16
AUGUSTUS GLOOP	17
NUNCA TE PEDI NADA	18
ABERTO 24 HORAS	19
NIGHTHAWKS	20
VOU-ME EMBORA	22
CAMURÇA	23
NO WONDER	24
MUZEMA	25
ASSALTO À LIVRARIA	26

70% ÁGUA

PEQUENAS NUVENS	31
PLUTÃO RENEGADO	32
MALA	33
MARACANÁ	34
ÚLTIMA ESTAÇÃO	35
FATALITY	36
CANÍDEO	37
FANTASMA	38
ESTÉTICA PESSOAL	39
AÇÃO COTIDIANA #1	40
FICÇÃO CIENTÍFICA	41
OBJETIVA	42
SAUDADES	43
INDENIZAÇÃO	44
DESIGN BÁSICO	45
VÍCIO NÃO DITO	46
FELES	47
ABSOLVIÇÃO	48

TEMPORAL

A GEADA VEM	53
PIERROT	54
PERDI TEU NOME NUMA CHUVA DE VERÃO	55
TUDO AQUILO QUE NÃO TE CONTEI	57
MAÇÃ ENVENENADA	58
CALAFRIOS	59
CASA VAZIA	60
VINTE E SETE	61
CASTELO DE AREIA	63
QUASE ELEGIA	64
ESCORPIÃO	65
UM CORAÇÃO PARTIDO	66
PELAS BARBAS DE MERLIN	67
INSTRUÇÕES PARA DANÇAR	68
FATO CURIOSO	69

SANGUE

TRÔPEGAS CHAMAS	73
O APAVORAMENTO DE PIVA	74
O NOME DA ROSA	75
SIRIGAITA	77
SE	78
UMA DANÇA	79
TOMA LÁ E CÁ	80
PERECER	81
ARTIGO INDEFINIDO	83
CANTIGA DE OSMAR	84
LA VIE	85

SOLSTÍCIO

DUQUE DE CAXIAS	89
VIBROU O CELULAR	90
CRESCENTE	91
DOIS EM UMA	92
APETITE	93
FRONTAL	94
LÁBIOS FRAMBOESA	95
GALÁXIA	96
SINA DOS FICANTES	97
DILEMA/DESEJO	98
CORPO SONÂMBULO	99
DE MADRUGADA	100
TE GRAVAR NA MEMÓRIA	101
EM MINHAS VEIAS CORRE UMA FORMIGA	102

VÉRTEBRAS

TEM GENTE QUE VIVE

Cora com o sol
Some na tempestade
Volta nas manhãs

Teresa:

A fé apareceu num sonho e a levou para o além-mar. Todos os dias, usava branco, ajoelhava-se e entoava até a noite acabar. Já perto da cama, soltava os cabelos e desembaraçava os fios, esperando que a saudade que sentia do mundo deixasse de voltar.

Lili:

O Pinto anunciou a sua chegada numa noite de outono que ela jurava que não, não iria gostar. Envolveu-a com os braços e giraram pelo salão até que, sem fôlego, os dois precisaram se deitar. Ela se chamava Liliane e ele… bem, talvez fosse a hora de perguntar.

Maria:

Quando questionada sobre a sua história, começou a chorar. A tia morreu, Joaquim findou-se e apenas ela sobrou; sem nada interessante para contar.

BACURAU

Voulez-vous
Vulneráveis
Nus
Desconfortáveis
Largue a planta
Entre
Use a manta
Do próprio ventre

(Ecoa um tiro)

Arrebate
Viro
Por favor, não me…

NÓS NA CENA

Eu e tu
Ouço a claquete

Ele e ela
trocando carícias

Sob as luzes
frente às lentes

Um corte rasga
vem a pausa

Ela e eu
uma na outra

Tomando o café
presas na folha

AUGUSTUS GLOOP

quem ama de modo mimado
esperneia
fica chateado
queria um doce
ganhou um salgado
não aceita o que lhe foi dado
BERRANDO
diz
que prefere morrer de fome
a voltar
a ficar apaixonado

NUNCA TE PEDI NADA

Joguei a pergunta aos céus
escorreguei pelos arredores
sorri para as calçadas
impassível
fugindo de seus abraços

Rio da serpente   [rasteja]
zombo o coelho   [só sabe pular]
corro à frente
impossível
como a barata que sou

ou estou a me tornar

ABERTO 24 HORAS

Óleo escorre
Por entre as pernas

Lisas

A fumaça asfixiante
Enlaça os cabelos

Presos

Ao vencedor,
As batatas

Fritas

NIGHTHAWKS

Às onze da noite
pratos quebrados
e roupas sujas
denunciam a sua presença

Um copo de leite
uma vassoura
um pigarro

já estamos fechando
mas ainda não acertamos
as contas para pagar

Talvez a última dança
ocorra antes das doze badaladas
e sobre tempo para que valsemos
até a casa rodar

pé ante pé
mãos entrelaçadas
num arranjo complicado
que não saberei replicar

Senhor, acorde para a vida
leve-a embora
me deixe sobrar

pois já é tarde
e não há dinheiro, café ou maneiras
que me façam querer ficar

Um adeus
e viro abóbora
ai de meu coração

Fora de lugar

VOU-ME EMBORA

Vou-me embora para Bagdá

Lá há sonhos

Sinto que poderei voar

Correm atrás de mim

Mas pouco importa

Quando chegarem

Já estarei lá.

CAMURÇA

Carregava a pequena bolsa de camurça nas mãos quando sentiu um rasgo invadir o peito. Os dedos finos apertaram a alça do objeto, cravando as unhas na pele para não deixá-lo cair. Controle-se. Lembre da meditação. Tudo depende disso. Passado incógnito e presente impossível. O ar escapava através de suas bordas. Respirar já não era fácil como antes. A ruptura grunhia e buscava a garganta, querendo escapar pela boca. "Bolsa no chão é dinheiro para ladrão", diria a mãe. Não seja deselegante. É mais forte do que achávamos. E eu? O que sou? Você está bem? Arregala os olhos. Busca espaço em sua faringe, cortando-a e pressionando-a para os lados a fim de atravessá-la. Lágrimas escorrem e a pessoa na fila ao lado grita por ajuda, aproximando-se do corpo que já não é mais o seu. Quer mandar ela calar a boca e ir embora, porém cerra ainda mais os dentes. Que ingênuos, com o seu falso altruísmo e celulares nas mãos. Não deixe cair, pensa. Sabe-se lá quanto custaria o conserto para toda a humanidade. Está em sua língua. Tem gosto bom. Quebra os dentes com um único golpe e já não é mais um rasgo; é a imensidão. Apenas o silêncio. Ninguém mais sabe de si. Peles tombadas, degeneradas. Vazio e galáxias sem destino final. Tudo está bem, concluiu. Ainda segurava a camurça nas mãos.

NO WONDER

Embaixo da cama
encontrei um monstro

duas asas e um pé
olhou para mim

ergueu uma antena
não fez contato

lentamente
voltou a sonhar

MUZEMA

entre lá e cá
a pousada motel
pisadinha no hell
ônibus enguiçado
trabalhador bolado
polícia militar
o roedor
todos armados
com uma caixa de som
três bon

em meio
a toda gritaria
ninguém lembrou
de Ana Cristina
que caiu
aos pés do ladrão

70% ÁGUA

*

Pequenas nuvens
Caminham junto aos céus
Dançam na chuva

PLUTÃO RENEGADO

ainda bem
que escrevi
um poema
que você
nunca leu

sob as luzes
da cidade
no cinema
ou até mesmo
no breu

as nuvens
que vêm
ao chão
diluem
sinestesia

afastando o I

do eu

MALA

Carrego
em minhas mãos
um destino
fácil
que roda
sem problemas
pelo chão
complexado

Desvia
de multidões
até
com um t r a n c o
parar
ao meu lado

you have arrived
ou então
o voo foi cancelado

MARACANÁ

o trem passa
a bola quica
e vida escorrega
entre os trilhos

ÚLTIMA ESTAÇÃO

Este é um poema sobre ser comum
Escrever redundâncias, fazer poesia
Sabendo que não há nada a dizer
Cada palavra, um núcleo numa oração
Na sintaxe que não promete,
Implora:
preste atenção

Se na banalidade não surge nada
Alguma mudança especial
Possível singularidade
Talvez este não seja
Um poema sobre ser comum
E sim
sobre ser nenhum

FATALITY

Me olho no espelho
e tenho certeza:
sou um morrente
caminhando sob o véu
da escuridão

O reflexo turvo
mostra que estou partido
indo embora, sumindo
enquanto descanso
as palavras finais

Uma rosa no túmulo, por favor
e, se Poe perguntar,
nunca mais.

CANÍDEO

Hoje revi dadaísmo
e pensei no fantasma
daquilo que quase

fomos anti-algo;
finito
ou apenas

modernismo

romantismo

surrealismo

futurismo

fatal.

FANTASMA

ele
que me assombrava
é hoje
figurante na ópera
e na saída
me abraça

ESTÉTICA PESSOAL

Para Manuela

Não sou aesthetic
de rotina tenho o caos
nos últimos seis meses
acho que só me dei mal
os peitos não cresceram
a barriga não secou
e apesar de trocá-lo
o lixo só acumulou
desisti do café
pra conseguir dormir
absinto me acorda
cerveja não satisfaz
criei resistência
uma barricada
fiquei má
atravessei o sinal
xingando os pedestres
caí na rua
pisei na poça
ralei o joelho
quando cheguei em casa
percebi
eu não sou aesthetic
minha rotina é o caos
mas, agora que sei
menos mal

AÇÃO COTIDIANA #1

escovo meus dentes

como se pudesse expulsar

pensamentos indesejados

através de cada cerda

ligeiramente torta

FICÇÃO CIENTÍFICA

um mundo estranho
nova tecnologia

refazendo a atmosfera
eu e você

em algum universo
talvez, sim

é certo
há magia

OBJETIVA

direto ao ponto
te como com os olhos
e você me foge
pelas vírgulas

SAUDADES

Oi, mãe
eu dormi bem
pode deixar, estou me alimentando
com verduras e cadáveres
brincadeira, ele escapou
estou bem, não ando congestionada
fico parada esperando a morte iminente
certamente!
tudo está ótimo
o casamento vai a mil
eu e outras novecentas
o periquito morreu?
já não quero mais falar
sinto muito, até mais tarde
me ligue sem falta
te

      p
       i
        c
         o
          t
           o
            u

Tchau

INDENIZAÇÃO

Prédios, condomínios, casas… em algum momento, deixei de dizer "olá" aos meus vizinhos. Já não sei mais quem mora na casa repleta de trepadeiras ou quem habita o apartamento 303, onde amei pela primeira vez.

Senti uma dor de dente e percebi que ele também me é estranho. Desde quando vive em minha boca, sequestrando meus farelos e ferindo minha gengiva vermelha?

Talvez eu devesse chamá-lo para uma conversa, na qual me apresentaria cordialmente. Um oi e então mostrar a minha fragilidade e admitir que não me olho no espelho com tanta frequência; que às vezes chego a me assustar com o reflexo formado pela poça em frente à casa das trepadeiras.

Enrolo a cabeça com uma trouxa velha, ainda que não encardida, e peço perdão ao siso que nunca cuidei pois nunca fomos formalmente localizados.

Ouço a campainha da porta ao lado, uma barreira de madeira imponente – será ébano? – e me aproximo da parede vazia na esperança de conseguir um último resquício daquele sofrido e improvável olá.

DESIGN BÁSICO

Anita disse

uma coquinha
e um doguinho
pra ficar legal

VÍCIO NÃO DITO

a gata
trabalha de dia
de noite trabalha
também

quando não está
trabalhando
inventa trabalho
amém

FELES

A vida me foi cruel
Ganhei três sobrinhas
Nenhum gato.
Procurei em vão por caudas
Bigodes
Até mesmo patas
Entre sonhos, apenas fraldas
Se peço para imitarem
O rei sem juba dos felinos
Uma late
Outra começa a pular
E a terceira vai embora

Essa última não é de todo ruim.

ABSOLVIÇÃO

Histórico:

- 3 perdas
- 4 amantes
- 7 traições
- 20 decepções profundas
- 15 felicidades reais

N choros, X cigarros, Y fodas.
Zero orgasmos.
30 ave-marias, 56 vá pra puta-que-te-pariu e 2 "perdão".
9 culpas para sete dias da semana e 100 insignificâncias para cada minuto perdido.
Sessenta segundos.
Uma leitura corrida.
150 batimentos, 3000 acidentes no trânsito. 44 ofegantes.
Poucos instantes.

TEMPORAL

*

A geada vem
Congela todos os pés
Enfrenta a vida

PIERROT

Na corda bamba
a tantos metros de altura
percebo:
estamos por um fio
mais fino que o dia
irregular como a sombra

ainda assim
quando meu dedo
se apoia no ar
e minha cabeça
gira em falso
te enxergo na plateia

o fio parece me levar

depois do próximo passo
caio nos teus braços
quem sabe
afundo no mar

PERDI TEU NOME NUMA CHUVA DE VERÃO

Andavam pé ante pé
Coloridos
Saíam do rio
Sentindo a grama
Junto aos insetos
Sem procurar abrigo
Erguiam os braços
Aceitavam cada gota
Minguadas aos raios de sol

Dei-lhe a mão e o tempo
levou
Inconsequente
Perturbando a paz
Cada passo,
farfalhar,
galho quebrado
Em poucos minutos, enchente

Flutuam à parte
Encontram a terra
Cada um de um lado
Ainda pulsantes
Esperando a rede
Que não,
Não suporta duas pessoas

Permanece,
espera
Mas,
sabe
o rio já não é mais o mesmo

TUDO AQUILO QUE NÃO TE CONTEI

Dos dezoito
aos vinte e um
as coisas que deixei
e aquilo que já fui

Despejo num sussurro
antes do amanhecer
que surge nas frestas
entre o medo

e o perder

MAÇÃ ENVENENADA

Adormecida
desperto
com um beijo encantado

no espelho do castelo
após votos trocados
toco a ferida
com dedos manchados

temo que o seu
para sempre
não tenha sido escrito
no meu conto de fadas

CALAFRIOS

Ouvir o seu nome
foi estremecer
perante o vento
que levanta as folhas
bagunça os cabelos
não é tido como perigo

Sem aviso
vê-lo novamente
foi o quebrar das ondas
o instante submerso
precário naufrágio
íntima respiração

Surpreenda-me
disse
ter o toque
lembrança
de dedos adagas
não é suficiente
para escapar

Vazio
como tudo que há

CASA VAZIA

Não há mais pratos
janelas quebradas
ou ratos
De toda a história
só eu restei.

VINTE E SETE

Ainda me lembro
de quando choramos
tomando sorvete de café
seus olhos profundos
passos rápidos
sobre o chão de madeira
todavia
já não é mais happy hour
quente, a dois
despedaçando-me
entranhas
soltas
sua risada animada
estridente
alta
me faz achar
que talvez
haja tempo
de pegar o trem das onze
sorrir para o Simonal
cair pelas calçadas
respirar mais uma vez
com sua cabeça na minha
eternamente apoiada

mas enquanto a caneta falha
volto a escutar
as palavras
que firmaram
o meu [o seu?]
silêncio

recordo.

CASTELO DE AREIA

aquele

há pouco formado

por tuas mãos

já foi levado

QUASE ELEGIA

never got to say goodbye
apesar das flores no jazigo
das cinzas espalhadas no mar
da visão de suas costas
se afastando devagar

Un adieu
murmurado por entre as paredes
tênis gastos; um número que não me serve
aquela foto
que agora evito olhar

Auf wiedersehen
sai engasgado
choro meio sussurrado
sob as palavras capitais
cuspidas no prato
deixado para trás

Ó, meu capitão
o que faço
como desaprendo a navegar
agora que não há mais ar?

ESCORPIÃO

sinto falta de olhar

o céu com você

observando as estrelas

indago

se ainda me vê?

Tania sorrira. Mas não sorria.

Ela piscava, enxergando através das lentes quadradas e das pessoas à sua frente.

Tania escutava. Não ouvia.

Tinha a mente em outro lugar; fechada em si mesma.

Tania sofria.

Com um piscar de olhos, se entregava à dor.

As lágrimas fluíam, para dentro e para fora. Por vezes óbvias, por vezes presentes no invisível.

Tania me deixou ficar ali.

Ao seu lado, sentimos. Não queria sentir – mas era necessário. Doía, porém um dia...

Tania ria e enxugava as lágrimas. E então ia para longe. Em um segundo, já não estava mais ali.

Ela não queria que ninguém percebesse. Ela era forte.

Mas Tania, todos precisamos de alguém. Todos precisamos de ajuda.

Ela sabe que não é simples. Aos poucos, ela se apavora.

De uma maneira ou de outra, estaremos aqui.

Tania, olhe para mim.

Não se vá.

Estrela
que caiu de uma constelação
e teve de se reencontrar
sozinha
na cratera da Terra

Soube pelos astros
que já estava morta
quando aterrissou
e ainda assim
deu um jeito de viver

Pois quem diria
que uma estrela na merda
brilha mais
do que no céu

INSTRUÇÕES PARA DANÇAR

Todos respiram. Dispõem os pés no chão e inclinam-se a 45° para a esquerda. A Terra treme.

Ninguém ofega. Corpos estiram-se na madeira e o canto ecoa. Levantar não é preciso. Urgente: sentir com cada entranha o número infinito de farpas por metro quadrado.

Pernas sobem, guiadas pelos troncos. Chegou o momento de presenciar o ar e soprar; expelir com movimentos grandes e fluídos o que há de impuro dentro de si. Como o vento, pender para frente e para trás, sem rumo.

O fogo chega. E com ele, a velocidade. Pressa para saltar, correr, pular. Sair o mais cedo possível daquele mundo em colapso, que beira o fantasmagórico. Contorça-se, deixe-se corromper. Tudo que você conhecia acabou.

Irrompe a água. A planície inunda e o horizonte perde a vez. Num balanço constante, somos levados para direções não usuais, que nos surpreendem com a serenidade.

Respiramos.

Cessam as ondas, e a música acaba.

FATO CURIOSO

o pôr do sol
é mais bonito
em São Cristovão

SANGUE

*

Trôpegas chamas
Sombras vindas da noite
Movem-se em vermelho

A menina acorda pela manhã e percebe o lençol ensanguentado. Sai correndo pela casa, estranhamente silenciosa, e não vê ninguém. Para em frente ao espelho e, outra vez, encontra o vermelho. Virara mulher.

O NOME DA ROSA

na rua, me chamam de flor
Menina
Bonita
Querida
Puta
Cachorra
Praga do diabo
Histérica
Sem cor
mas não vou longe
permaneço
encaro de volta
rio um pouco
choro um bocado
transpareço
nada
entre Maria e Madalena
terão três chances
senão levo o bebê
solto as bruxas
pego o vale-transporte
vou-me embora
penso que erraram
e continuam cegos

para quem sou
com um suspiro
aviso:

SIRIGAITA

se eu visto,
sou puta
se não visto,
também
se avisto,
sou maluca
se não vejo,
também
se choro,
sou fajuta
se corro,
também
independente
ou sozinha
me torno
ou me tornam
ninguém

Pouco a pouco, tece a linha. Uma palavra aqui, um gesto ali e olhares ao longo do dia.

Começa transparente.

Quando a luz atravessa pelo ângulo certo, creio tê-la visto. Dura um segundo; não acredito. Os olhos parecem tolos e a percepção como que embriagada pela magnitude do que não poderia ser.

Ela cresce ponto após ponto e é fortalecida nas pausas. Nela, prendem-se exclamações silenciadas e a poeira deixada por memórias apagadas. Imóvel, percebo-me envolta.

E de repente, lá está: a linha fora cruzada, e desmontara em mim. Sinto-a apertando o peito, procurando as pernas e sufocando o ar. Ainda com os instintos desacreditados, o vejo.

Ereto, ardiloso e inteligente, costura a sua teia.

UMA DANÇA

Vamos embora
Afaste-se de mim
Está ficando tarde
Minha amiga está ali
Gosto do seu vestido
Já cansei de girar
Só mais um pouquinho…
Não gosto dessa música
Relaxe
Já vai acabar.

TOMA LÁ E CÁ

Quando você se aproxima
cambaleando
pelo resto feliz
de uma noite escura
demoro para acreditar
na violência
de seu andar

a ameaça faz descer
uma energia
inebriante
de tudo que não foi dito
e te olho e sinalizo
ajuda, alguém
vem escapar

em meio à fuga
você pede desculpas
desculpa mesmo
porra
me dá esse perdão

seguro a mão alheia
perturbada

murmuro um
não

PERECER

Aquele bebê não poderia ser meu.
Não o queria.
Dele?
Jamais seria.
De um desconhecido?
Gostaria que fosse.
O fato é que ele estava em mim.
Eu e aquela semente. As duas condenadas.
O dinheiro não era suficiente. Nunca seria.
Ao menos, não para mais uma vida.
Vida… como seria a dela?
Sei que não conseguiria amá-la.
Não seria capaz de dar luz,
apenas escuridão.
A cada instante, eu sentia um peso maior dentro do meu corpo.
Seria eu presa por impedir o nascimento de alguém que,
desde o primeiro segundo,
respiraria a morte?
Ou então, morreríamos as duas
A semente e o jacinto
Em decorrência de um corte brutal e incerto?

Eu esperei pelo sangue.
Esperei por uma resposta.
Esperei por qualquer segurança
E esperei por ajuda.

Mas nada veio.
Como poderia eu, então
Deixar ela vir?

ARTIGO INDEFINIDO

João não era Zé. Mas também era um ninguém.
Por onde passava, nenhum ser notava.
Seu rosto jamais era lembrado.
Porém todos os dias ele estava lá.
Sentado, de pé, cantando…
Às vezes, era ouvido por um breve instante.
Entretanto, não demorava a ser silenciado.
Seus movimentos começavam a desaparecer.
Cansado, esqueceu a vida.
Caiu.
Não mais se levantou.
Ao seu lado, ouviu o baque de outros.
Não era único.
Já sem recordações, encolheu e desvaneceu.
Apenas mais um.
Artigo indefinido.

CANTIGA DE OSMAR

Sabe-se lá quem começou a ideia
De sentir sem falar
Falar sem pensar
Pensar sem sentir
Misturou sangue com geleia
Tornou do luto uma migalha
Fez do princípio, a falha
Se come quem questiona
Silencia quem reclama
E acaba com a fome
Sabe-se lá se importa saber
Quem começou tudo
Eu
Ou você

LA VIE

Caminho descalço no escuro e o odor das rosas continua a me perseguir.
Intoxicado, cambaleio e pendo para um lado qualquer.
Há espinhos sob meus pés. A lembrança deles faz com que eu endireite
a coluna e perceba que até o menor dos males continua sendo rosáceo.
Penso no que não soube e ela já sabia:
o solstício jamais voltará.

SOLSTÍCIO

DUQUE DE CAXIAS

não estou só
o mundo me faz companhia

VIBROU O CELULAR

gente, não sou mais virgem
abri o kama sutra
e descobri
que eu também
sei ler com as mãos

CRESCENTE

Era uma quinta-feira à noite. Dia monótono e fragmentado. Apenas um pingo em meio à chuva dos demais minutos que corriam pela semana; aparentes e impenetráveis frente à barreira que escondia os sentimentos. Contudo, não me sentia normal, presa ao tédio. Tampouco estava seca. Enxergava a cor e o brilho da pele, e sentia no fundo, com um leve estremecer, cada toque que caía sob mim.

Pingava.

Com a respiração cada vez mais pesada e presente, puxava para perto tudo aquilo que alterava o ritmo de meu batimento cardíaco. Ofegante, realizava uma dança com o corpo, entregando-o por completo – das extremidades ao interior – àquilo que o envolvia e sumia com qualquer noção de "eu".
Sorria, sorria, sorria… abria a boca e deixava sair um leve e purpúreo som. Com um afago, permitia que a minúscula dor completasse o seu destino e, por mim, caísse; dando espaço para mais um ser, outro encontro, e novo prazer.
O tempo havia parado. De repente, não estava mais na rua, no quarto, na cidade, floresta, ou mesmo no universo. Em suspenso, ficara molhada, com as mãos, explodira.
E com um pulo,
Já era um novo dia.

DOIS EM UMA

na luz do farol
a vi como mulher
pela primeira vez
deslizava sob as mãos
cabelos encaracolados
mãos atadas

antropofagiei

APETITE

hoje
noite
na qual
comeria apenas
uma salada
de teu corpo
fiz um banquete

94 FRONTAL

pulsante
em meus seios
uma amante

LÁBIOS FRAMBOESA

Teus lábios framboesa
que corro para encontrar
por entre as moitas multidões
escapam pelos dedos
deslizam

Nas folhas figuras
permaneço à procura
de experimentar
saborear
mais uma vez
o teu toque fugidio
conflituoso
banhado em vermelho

GALÁXIA

Me leve para longe
deixe-me entrar
cair no seu buraco
e não poder respirar

Perto da lua
longe do mar

Galáctica, no fim
quero me tornar

SINA DOS FICANTES

a gente
se devora

até que
uma hora

alguém engasga
e bota

tudo
ou (quase) nada

pra fora

DILEMA/DESEJO

Olhe para mim. Perceba a minha presença. Estou aqui.

Quero sentir o calor de tuas mãos, o aperto do seu abraço e o frescor da sua boca.

Olhe para mim, não siga adiante. Enxergue o meu rosto, cabelos e cor. Aproxime-se.

Siga as memórias. Esqueça a dor.

Lembre-se de nós antes de (eu) partir, perder o sabor. Não deixe que a palidez te engane, pois ainda estou aqui. Morta de amor.

Te observo enquanto dorme respirando pesadamente e imagino o momento onde irá parar, ficar imóvel, esquecer de pulsar.

Te vejo vivo e desejo o contrário. Quero que morra e se junte a mim.

Seremos felizes, como fomos. Riremos, dançaremos, sonharemos novamente e nos apaixonaremos

no fim.

CORPO SONÂMBULO

Um montão de infinito
ou só mais um pouquinho
ao seu lado

DE MADRUGADA

passe a boca pelo meu ser
sinta-a
diferente dos que fogem
queira estar no molhado
no seguro
perto dos lábios
próximo aos sonhos
com um delicioso toque
beije, acaricie
perceba:

Esta sou eu

*

te gravar na memória
como uma ferradura
num chão úmido

te gravar na memória
como um mofo
no teto do banheiro

te gravar na memória
como um estilhaçar
que não deixou nenhum caco

te gravar na memória
como se pudesse reter
contar uma história

Ela se separou do grupo
talvez em fim de festa
não sei
encontrou as juntas no caminho

deslizou pela coluna
como se fosse um tobogã
percorreu minha patela
como se nela
não houvesse amanhã

sinto cosquinha
uma sensação engraçada
fico triste
tocou um nervo?

espasmo sorriso
a formiga canta
no inverno

não importa o hemisfério
ou se errou
a geografia local

entrou pelo meu cu no solstício
talvez saia no natal

CARA LEITORA, CARO LEITOR

A **Cachalote** é o selo de literatura brasileira do grupo **Aboio**.

Lemos, selecionamos e editamos com muito cuidado e carinho cada um dos livros do nosso catálogo, buscando respeitar e favorecer o trabalho dos autores, de um lado, e entregar a vocês, leitores, uma experiência literária instigante.

Nada disso, portanto, faria sentido sem a confiança que os leitores depositam no nosso trabalho. E é por isso que convidamos vocês a fazerem cada vez mais parte do nosso oceano!

Todas as apoiadoras e apoiadores das pré-vendas da **Cachalote**:

> **— têm o nome impresso nos agradecimentos dos livros;**
> **— recebem 10% de desconto para a próxima compra de qualquer título do grupo Aboio.**

Conheçam nossos livros e autores pelo site **aboio.com.br** e siga nossos perfis nas redes sociais. Teremos prazer em dividir com vocês todos nossos projetos e novidades e, é claro, ouvir suas impressões para sempre aprendermos como melhorar!

Embarque e nade com a gente.

Cada livro é um mergulho que precisa emergir.

APOIADORAS E APOIADORES

Agradecemos às 196 pessoas que confiaram e confiam no trabalho feito pela equipe da **Cachalote**.

Sem vocês, este livro não seria o mesmo.

A todos os que escolheram mergulhar com a gente em busca de vozes diversas da literatura brasileira contemporânea, nosso abraço. E um convite: continuem acompanhando a **Cachalote** e conheçam nosso catálogo!

Adriana Jordão
Adriane Figueira Batista
Adroaldo de Lima Silveira
Alexander Hochiminh
Alice Casé Lutz Barbosa
Alice Turino de Mattos
Allan Gomes de Lorena
Ana Carolina Barreto
Ana Maiolini
André Balbo
André Pimenta Mota
Andreas Chamorro
Anita de Paiva Dias
Anna Christina Salles
C. de A. Pinho

Anna Martino
Anthony Almeida
Antonio Luiz de Arruda Junior
Antonio Passos
Rodrigues Carreira
Antonio Pokrywiecki
Antônio Herrera
Arthur Lungov
Beatriz Abreu
Bernardo Camilo
de Lima Rapp
Bianca Monteiro Garcia
Bruno Coelho
Caco Ishak
Caio Balaio

Caio Girão
Calebe Guerra
Camilla Loreta
Camilo Gomide
Carla Guerson
Carolina Nabuco Nery
Cássio Goné
Cecile Mendonça Souza
Cecília Garcia
Cintia Brasileiro
Claudia Breitman
Claudine Delgado
Cleber da Silva Luz
Cristina Lutz
Cristina Machado
Dafne Borges da Cunha
Daniel A. Dourado
Daniel Alexandre
    Fonseca Martins
Daniel Dago
Daniel Dourado
Daniel Giotti
Daniel Guinezi
Daniel Leite
Daniel Longhi
Daniela Rheinboldt
    Lutz Barbosa
Daniela Rosolen
Danilo Brandao

Davi Martins
    Furtado de Mendonça
Denise Crispun
Denise Lucena Cavalcante
Denize Vieira
Dheyne de Souza
Diogo Mizael
Eduardo Rosal
Eduardo Valmobida
Elisa Santana
Endrew Furtado Lobo
Enzo Vignone
Fábio Franco
Febraro de Oliveira
Felipe Leibold Leite Pinto
Fernanda da Silva Ferreira Ramos
Fernando Luciano
    Magalhães Junior
Flávia Braz
Flávio Ilha
Francesca Cricelli
Frederico da C. V. de Souza
Gabo dos livros
Gabriel Cruz Lima
Gabriel de Araújo Machado
Gabriel Stroka Ceballos
Gabriela Machado Scafuri
Gabriela Marques Mendes
Gabriela Tapajós

Gael Rodrigues
Giovanna Ramundo
      Lourenço de Brito
Giselle Bohn
Guilherme Belopede
Guilherme Boldrin
Guilherme da Silva Braga
Guilherme Werneck
Gustavo Bechtold
Hanny Saraiva Ferreira
Henrique Emanuel
Henrique Lederman Barreto
Henrique Lutz Barbosa
Isabel Hermanny Tostes
Ivana Fontes
Jadson Rocha
Jailton Moreira
Jefferson Dias
Jessica Ziegler de Andrade
Jheferson Neves
João Barbosa
João Lopes
João Luís Nogueira
João Paulo Ferraro
      Turano de Araujo
Joaquim Marçal
      Ferreira de Andrade
José Nascimento Araújo Netto
Juli Matta

Júlia Gamarano
Júlia Vita
Juliana Costa Cunha
Juliana Slatiner
Júlio César Bernardes Santos
Karen de Azevedo Acioli
Laís Araruna de Aquino
Lara Haje
Laura Redfern Navarro
Leitor Albino
Leonardo Farina
Leonardo Pinto Silva
Leonardo Zeine
Letícia Fonseca Martins
Lili Buarque
Lolita Beretta
Lorenzo Cavalcante
Lucas Ferreira
Lucas Lazzaretti
Lucas Verzola
Luciano Cavalcante Filho
Luciano Dutra
Luis Felipe Abreu
Luísa Machado
Luiza Leite Ferreira
Maíra Knox
Maíra Thomé Marques
Manoela Machado Scafuri
Manuela Werneck

Marcela Roldão
Marcelo Conde
Marcelo Paidusis
Marco Bardelli
Marcos Vinícius Almeida
Marcos Vitor Prado de Góes
Maria Celina Lutz Barbosa
Maria de Lourdes
Maria Fernanda Vasconcelos
de Almeida
Maria Inez Porto Queiroz
Maria Luíza Chacon
Mariana Donner
Mariana Figueiredo Pereira
Marina Alves
Marina Lourenço
Mateus Magalhães
Mateus Marques
Mateus Torres Penedo Naves
Matheus Picanço Nunes
Maura Ventura Chinelli
Maurício Leite
Mauro Paz
Mercedes Rheinboldt
Lutz Barbosa
Mikael Rizzon
Milena Martins Moura
Monica Ferreira Alvarenga
Natalia Timerman

Natália Zuccala
Natan Schäfer
Odylia Almacave
Otto Leopoldo Winck
Paula Luersen
Paula Maria
Paulo Henrique de Noronha
Luz Trindade
Paulo Scott
Pedro Luiz Fadel Ferreira
Pedro Lutz
Pedro Torreão
Pietro A. G. Portugal
Rafael Mussolini Silvestre
Rafaella Giordano de Farias
Renata Vilanova Lima
Ricardo Kaate Lima
Rodrigo Barreto de Menezes
Rudi Lagemann
Samara Belchior da Silva
Sandra Coimbra
Sergio Mello
Sérgio Porto
Tatiana Loponte Saback
Thais Fernanda de Lorena
Thassio Gonçalves Ferreira
Thayná Facó
Tiago Moralles
Tomás Barreira Duarte

Valdir Marte

Veronica Dobal

Weslley Silva Ferreira

Wibsson Ribeiro

Yvonne Miller

PUBLISHER Leopoldo Cavalcante

EDITOR-CHEFE André Balbo

REVISÃO Veneranda Fresconi

DIREÇÃO DE ARTE E CAPA Luísa Machado

ILUSTRAÇÃO Beatriz Sá

COMUNICAÇÃO Thayná Facó

COMERCIAL Marcela Roldão

PROJETO GRÁFICO Leopoldo Cavalcante

ASSISTÊNCIA EDITORIAL Nelson Nepomuceno

© da edição Cachalote, 2024
© do texto Dora Lutz, 2024
© da ilustração Beatriz Sá, 2024

Todos os direitos reservados. Nenhuma parte desta obra pode ser reproduzida, arquivada ou transmitida de nenhuma forma ou por nenhum meio sem a permissão expressa e por escrito da Aboio.

Grafia atualizada segundo o Acordo Ortográfico da Língua Portuguesa de 1990, que entrou em vigor no Brasil em 2009.

Dados Internacionais de Catalogação na Publicação (CIP)
Eliane de Freitas Leite — Bibliotecária — CRB-8/8415

Lutz, Dora
     Em minhas veias corre uma formiga / Dora Lutz ;
[ilustração Beatriz Sá]. -- São Paulo : Cachalote, 2024.

     ISBN 978-65-83003-39-3

     1. Poesia brasileira I. Sá, Beatriz. II. Título.

24-245891   CDD-B869.1

Índices para catálogo sistemático:
1. Poesia : Literatura brasileira

[2024]

Todos os direitos desta edição reservados à:
ABOIO EDITORA LTDA
São Paulo — SP
(11) 91580-3133
www.aboio.com.br
instagram.com/aboioeditora/
facebook.com/aboioeditora/

[Primeira edição, dezembro de 2024]

Esta obra foi composta em Adobe Garamond Pro.
O miolo está no papel Pólen® Bold 70g/m².
A tiragem desta edição foi de 300 exemplares.
Impressão pelas Gráficas Loyola (SP/SP)

A marca FSC® é a garantia de que a madeira utilizada na fabricação do papel deste livro provém de florestas que foram gerenciadas de maneira ambientalmente correta, socialmente justa e economicamente viável, além de outras fontes de origem controlada.